Was unsere Herzen beflügelt

KHALIL
GIBRAN

Was unsere Herzen beflügelt

Von der Liebe

Ausgewählt von Annina Bauder

Patmos Verlag

VERLAGSGRUPPE PATMOS

PATMOS
ESCHBACH
GRÜNEWALD
THORBECKE
SCHWABEN

Die Verlagsgruppe
mit Sinn für das Leben

www.patmos.de

Umschlaggestaltung: Finken & Bumiller, Stuttgart
Satz: Schwabenverlag AG, Ostfildern
Druck: Beltz Bad Langensalza GmbH, Bad Langensalza
Hergestellt in Deutschland
ISBN 978-3-8436-0712-4

Inhalt

Gott hat Euren Seelen Flügel verliehen,
auf dass sie sich damit in den Himmel
der Freiheit und Liebe erheben.

Rebellische Geister (II, 105)

Wenn die Liebe dir winkt

Von der Liebe

Wenn die Liebe dir winkt, so folge ihr, mögen ihre Wege auch hart und steil sein!

Und wenn dich ihre Flügel umfangen, so überlass dich ihr, mag auch das Schwert, das sie unter ihrem Gefieder verbirgt, dich verwunden.

Und wenn die Liebe zu dir spricht, so vertraue ihr, selbst wenn ihre Stimme deine Träume zerschlägt, wie der Nordwind den Garten verwüstet.

Denn wie die Liebe dich krönt, so wird sie dich auch kreuzigen, und wie sie dich entfaltet, so wird sie dich auch beschneiden.

Und wie sie sich zu deinen Höhen erhebt, um deine zartesten Zweige, die in der Sonne zittern, zu liebkosen, so steigt sie auch hinab zu deinen Wurzeln, die sich an den Erdboden klammern, um sie aufzurütteln.

Wie eine Korngarbe liest sie dich auf und drischt dich, um dich zu entblößen. Sie siebt dich, um dich von deiner Spreu zu befreien, sie zerreibt dich, bis du weiß wirst, und knetet dich, bis du geschmeidig bist.

Dann übergibt sie dich ihrem heiligen Feuer, damit du heiliges Brot wirst für Gottes heiliges Festmahl.

All dies wird die Liebe dir antun, damit du die Geheimnisse deines Herzens erkennst, und dank dieser Erfahrung ein Teil vom Herzen des Lebens wirst.

Doch wenn du in deiner Kleinherzigkeit nur der Liebe Lust und Frieden suchst, dann tust du besser daran, deine Blöße zu verhüllen und die Tenne der Liebe zu vertauschen mit der Welt ohne Jahreszeiten, wo du lachen wirst, aber nicht dein ganzes Lachen, und wo du weinen wirst, aber nicht all deine Tränen.

Der Prophet (IV, 64–65)

Wach auf, Geliebte, wach auf, denn meine Seele ruft dich vom anderen Ufer der stürmischen See. Meine Seele streckt ihre Flügel nach dir aus über den wild schäumenden Wellen!

Eine Träne und ein Lächeln (I, 266)

Erzählt mir, ihr Menschen, ob es jemanden unter euch gibt, der nicht aus dem Schlaf des Lebens erwacht, wenn die Liebe seinen Geist mit Fingerspitzen berührt?

Gibt es jemanden unter euch, der nicht Vater und Mutter verlässt und seine Heimat aufgibt, wenn ihn das junge Mädchen ruft, das er liebt?

Gibt es jemanden unter euch, der nicht Berge und Täler, Meere und Wüsten überwindet, um der Frau zu begegnen, die seine Seele erwählt hat?

Ja, welcher Jüngling folgte seinem Herzen nicht bis ans Ende der Welt, wenn ihn dort eine Geliebte erwartet, deren Duft ihn bezaubert, deren Stimme ihn entzückt und deren Händedruck ihn beglückt?

Die Stürme (II, 184)

Was können die strengen Blicke der Menge im Herzen eines jungen Mädchens ausrichten, das den Ruf der Liebe gehört hat und ihm folgt?

Rebellische Geister (II, 93)

Dann öffnete er seine Augen und sah das Mädchen an seiner Seite; auf ihren Lippen las er das Lächeln der Liebe, und in ihrem Blick leuchtete der Glanz des Lebens. Sein Gesicht entspannte sich, und sein Geist war erfrischt.

Die Nymphen der Täler (III, 22)

Als ich dich sah, erwachte die Liebe in mir und zerstörte alle Schranken.

Eine Träne und ein Lächeln (I, 166)

Ich sah die Frau, die ich über alle Liebe liebte.

Erde und Seele (III, 125)

Die Tore seines Herzens öffneten sich weit und ließen seiner Freude freien Lauf. Dann schloss er seine Augen und betete in der Stille seines Herzens.

Der Prophet (IV, 59)

Eine mächtige Liebe ist es, die in der Krippe meines Herzens liegt, eine schöne Liebe, eingewickelt in die Windeln meiner Gefühle. Dieser süße Säugling verwandelte die Sorgen meines Herzens in Freude, meine Verzweiflung in Hoffnung und meine Einsamkeit in Glückseligkeit.

Eine Träne und ein Lächeln (I, 264)

Der erste Kuss

Er ist der erste Schluck aus dem Glas, das die Götter am Paradiesfluss der Liebe füllten. Er ist die Grenze zwischen dem Zweifel, der das Herz betrübt, und der Gewissheit, die es beflügelt. Er ist der Beginn einer Hymne, das erste Kapitel aus dem Roman des neuen Menschen, das Verbindungsglied zwischen den Wundern der Vergangenheit und der Seligkeit der Zukunft, zwischen dem Schweigen der Gefühle und ihrem Lobgesang.

Er gleicht der zarten Berührung der Brise, die mit ihren Fingerspitzen sanft über die Blütenblätter der Rose gleitet. Er ist der Beginn magischer Erschütterungen, welche die Geliebten aus der Welt der Fakten herausführen in die Welt der Phantasien und Träume.

Und wenn der erste Blick der Saat gleicht, die die Göttin der Liebe ins Feld des menschlichen Herzens sät, so gleicht der erste Kuss der ersten Blüte am ersten Zweig des Lebensbaums.

Eine Träne und ein Lächeln (I, 222–223)

So wollte es der Himmel, dass ich an diesem Abend mit Salma allein war in einem einsamen Haus, umstanden von alten Bäumen, eingetaucht in Schweigen und angefüllt von Liebe, Reinheit und Schönheit.

Eine Weile verharrte jeder von uns beiden schweigend in der Erwartung, dass der andere zu sprechen beginne. Aber sind es Worte, die Einverständnis schaffen zwischen liebenden Seelen? Sind es die Laute der Lippen, die bewirken, dass die Herzen der Menschen einander näher kommen? Gibt es nichts Erhabeneres, als was der Mund gebiert, und nichts Heiligeres, als was die Schwingungen der Kehle hervorbringen? Geschieht es nicht durch das Schweigen, dass die Ausstrahlungen der Seele die andere Seele erreichen und das Flüstern des Herzens einem anderen Herzen vermittelt wird? Ist es nicht das Schweigen, das uns von uns selber befreit, uns im unbegrenzten Raum des Geistes schweben lässt in eine höhere Welt, in der wir ahnen, dass unsere Körper Gefängniszellen sind und diese Welt für uns nur ein Exil ist.

Salma sah mich an, und ihre Lider enthüllten die Geheimnisse ihrer Seele. Sie sagte leise: »Komm, lass uns in den Garten gehen und uns unter die Bäume setzen, um den Mond hinter den Bergen aufgehen zu sehen.«

Gebrochene Flügel (I, 51)

Im Schutz der Finsternis verließen die Liebenden den Ort, und sie fürchteten weder den Zorn des Emirs noch die Geister der Nacht.

Erde und Seele (III, 153)

Beim Morgenrot wird die Liebe mich aus meinem Schlaf wecken und mich hinaus in die Natur locken. Am Mittag wird sie mir einen schattigen Platz unter den Bäumen auswählen, wo ich zusammen mit den Vögeln vor der Hitze der Sonne Schutz suchen werde. Am Abend wird sie mit mir dem Sonnenuntergang beiwohnen. Wir werden dem Gesang lauschen, mit dem die Natur das Sonnenlicht verabschiedet, und sie wird mir die Geister der Stille zeigen, die im Raum schweben. In der Nacht wird sie mich in ihren Armen in den Schlaf wiegen, und ich werde von himmlischen Welten träumen, wo die Seelen der Liebenden und der Dichter wohnen.

Gebrochene Flügel (I, 72–73)

Im Frühling werde ich Seite an Seite mit der Liebe in die Natur wandern; singend werden wir Täler und Hügel durchstreifen und die Spuren des Lebens suchen, in denen Veilchen und Anemonen wachsen, und wir werden den Regen aus den Kelchen der Narzissen und Lilien trinken.

Im Sommer werden die Liebe und ich unsere Häupter auf gebündeltes Stroh betten, das Gras wird unser Lager sein und der Himmel unsere Decke, und wir werden mit Mond und Sternen wachen.

Im Herbst werden die Liebe und ich die Weingärten aufsuchen. Wir werden uns in die Nähe der Weinpresse setzen und die Weinreben betrachten, die ihr goldenes Gewand ablegen, und wir werden den Vogelscharen nachschauen, die zur Küste fliegen.

Im Winter werden die Liebe und ich am Kamin sitzen, und wir werden uns die Zeit vertreiben mit Geschichten aus alten Zeiten und mit Berichten anderer Völker und Nationen.

Gebrochene Flügel (I, 73)

Ich betrachtete lange die schlafende Natur und sann über sie nach. Und ich entdeckte in ihr etwas, das keine Grenzen und kein Ende hat, etwas, das man nicht mit Geld kaufen kann, etwas, das weder die Tränen des Herbstes noch die Trauer des Winters auszulöschen vermögen, etwas, das man an den Seen der Schweiz und in den Gärten Italiens nicht findet. Ich entdeckte etwas, das im Frühling geduldig ausharrt und im Sommer Frucht bringt: ich entdeckte in ihr die Liebe.

Eine Träne und ein Lächeln (I, 158)

Besingt die Narzissen der Augen, die Rosen der Wangen, die Anemonen des Mundes, denn die Schönheit wird im Gesang verherrlicht. Preist die Zweige der Gestalt, die Nacht der Haare, das Elfenbein des Halses, denn die Schönheit erfreut sich am Lobpreis. Weiht den Körper zum Tempel der Schönheit, weiht ihn zum Altar der Liebe.

Eine Träne und ein Lächeln (I, 162)

Die Liebe ist
ein Wort des Lichtes

Liebe ist ein Wort des Lichtes, geschrieben von einer Hand des Lichtes, auf einer Seite des Lichtes.

Sand und Schaum (III, 252)

Die Liebe hat ihre Flügel ausgebreitet und schwebt vor uns her in die Sphären des Lichts.

Rebellische Geister (II, 59)

Wir waren im Raum, meine Geliebte und ich, und wir waren eins mit dem Raum. Wir waren im Licht und waren selber Licht.

Lazarus und seine Geliebte (I, 321)

Die Liebe hat uns geeint. Wer kann uns trennen?

Eine Träne und ein Lächeln (I, 144)

Er empfand eine Liebe, die weder Grenzen noch Hindernisse kennt.

Eine Träne und ein Lächeln (I, 155)

Ich begriff, dass unsere Liebe so tief ist wie das Meer, so hoch wie die Sterne und so weit wie das Universum.

Gebrochene Flügel (I, 110)

Ich bin das Haus des Glückes,
die Quelle der Freude
und der Anfang der Ruhe.
Ich bin ein Lächeln
auf den Lippen eines jungen Mädchens;
ein Jüngling sieht es,
er vergisst seine Sorgen,
und sein Leben wird eine Bühne
süßer Träume.

Eine Träne und ein Lächeln (I, 288)

Was ist schöner als die Tage der Liebe und süßer als ihre Träume?

Gebrochene Flügel (I, 65)

Liebende umarmen das, was zwischen ihnen liegt, eher als einander.

Sand und Schaum (III, 252)

Die Liebe ist die einzige Blume, deren Wachsen und Blühen sich nicht den Jahreszeiten unterwirft.

Gebrochene Flügel (I, 57)

Was ist es, was wir Liebe nennen? Erzählt mir, was dieses verborgene Geheimnis ist, das sich sowohl hinter den sichtbaren Dingen als auch im Innern des Seins verbirgt?

Was ist diese absolute Idee, die sich als Grund aller Folgen und als Ergebnis aller Gründe erweist?

Was für ein Erwachen ist das, welches den Tod und das Leben zugleich erfasst und es verwandelt in einen Traum, der wunderbarer ist als das Leben, tiefer und geheimnisvoller als der Tod?

Die Stürme (II, 184)

Um von der Liebe zu sprechen, habe ich meine Lippen mit heiligem Feuer gereinigt, und als ich sie öffnen wollte, blieb ich stumm.

Die Stürme (II, 183)

Bevor ich die Liebe kannte, besang ich sie in meinen Liedern; als ich sie kennen gelernt hatte, lösten sich die Melodien in Luft auf, und die Worte verstummten.

Die Stürme (II, 183)

Die Liebe gibt sich im Geist zu erkennen – nicht im Körper, so wie man den Wein genießt zur Inspiration und nicht zur Trunkenheit.

Der Reigen (III, 81)

Die Liebe ist in den Geistern
wie der Wein in den Gläsern.
Was davon zum Vorschein kommt, ist Wasser,
und was verborgen bleibt, ist der Geist.

Erde und Seele (III, 219)

Die Liebe ist Glück, das erbebt.

Erde und Seele (III, 111)

Die Liebe ist eine Macht, die unzertrennlich mit unserem Wesen verbunden ist; sie verknüpft unsere Gegenwart mit Generationen der Vergangenheit und der Zukunft.

Die Stürme (II, 185)

Die Liebe ist ein himmlisches Wissen, das unseren Verstand erhellt und uns die Dinge so sehen lässt, wie die Götter sie sehen.

Die Stürme (II, 185)

Gestern waren wir den Königen untertan und beugten unsere Häupter vor den Herrschern. Heute neigen wir uns einzig vor der Wahrheit, wir folgen nur der Schönheit und gehorchen allein der Liebe.

Die Stürme (II, 205)

Ich sagte, dass ich ihn liebte, aber die Liebe hat vielerlei Formen: manchmal erscheint sie uns als Weisheit, manchmal als Gerechtigkeit, ein anderes Mal als Hoffnung.

Eine Träne und ein Lächeln (I, 191)

Ich bin ein Seufzer des Meeres,
eine Träne des Himmels,
ein Lächeln des Feldes
ebenso wie die Liebe,
die ein Seufzer aus dem Meer der Gefühle ist,
eine Träne vom Himmel der Gedanken
und ein Lächeln vom Feld der Seele.

Eine Träne und ein Lächeln (I, 287)

Die Liebe wird meine einzige Vertraute sein: ich werde ihr lauschen wie einer Hymne, ich werde sie schlürfen wie Wein und mich mit ihr bekleiden wie mit einem Gewand.

Gebrochene Flügel (I, 72)

Meine Seele ermahnte und lehrte mich zu lieben, was die Menschen hassen, und diejenigen zu schätzen, die sie herabsetzen.

Sie erläuterte mir, dass die Liebe keine Auszeichnung für den Liebenden ist, sondern für den Geliebten.

Bevor meine Seele mich dies lehrte, erschien mir die Liebe als ein hauchdünner Faden, der zwischen zwei nahe stehenden Pflöcken ausgespannt ist.

Doch jetzt sehe ich sie als einen Glorienschein – ohne Anfang und Ende –, der jedes Wesen umgibt und sich allmählich ausbreitet, bis er alle in seinem Licht umfasst und vereint.

Erde und Seele (III, 128)

Die begrenzte Liebe sucht den Besitz des Anderen, doch die grenzenlose Liebe verlangt nichts anderes als zu lieben.

Gebrochene Flügel (I, 107)

Bringt eure Liebe zum Besitz in Einklang mit dem Eifer für die Errungenschaften des Geistes. Glaubt an die Göttlichkeit der Schönheit. Dann ist der Beginn eurer Zustimmung zum Leben die Quelle eurer Liebe und eures Glückes.

Eine Träne und ein Lächeln (I, 161)

Liebe verschenkt nur sich selbst und nimmt nur von sich selbst.

Weder will sie besitzen, noch lässt sie sich besitzen, denn Liebe genügt der Liebe.

Und wenn du liebst, sag nicht: Gott ist in meinem Herzen. Sag vielmehr: Ich bin im Herzen Gottes.

Glaube nicht, dass du den Lauf der Liebe lenken kannst; es ist die Liebe, die deinen Lauf lenkt, wenn sie dich für würdig hält.

Liebe hegt keinen anderen Wunsch, als sich zu erfüllen. Doch wenn du liebst und dennoch Wünsche hast, so seien es diese:

zu schmelzen und einem fließenden Bach zu gleichen, der sein Lied der Nacht singt;

den Schmerz zu großer Zärtlichkeit zu erkennen; verwundet zu sein von deinem eigenen Verständnis der Liebe, und freiwillig und freudig zu bluten;

beim Morgenrot mit frohem Herzen zu erwachen und Dank zu sagen für einen neuen Tag der Liebe;

zur Mittagszeit zu ruhen und den Verzückungen der Liebe nachzusinnen;

abends dankbar heimzukehren und einzuschlafen mit einem Gebet für die Geliebte im Herzen und auf den Lippen einen Lobgesang.

Der Prophet (IV, 65)

Die Ewigkeit bewahrt nur die Liebe, weil sie von gleicher Natur ist.

Eine Träne und ein Lächeln (I, 166)

Wir werden niemals einander verstehen, bis wir die Sprache auf sieben Worte reduzieren.

Sand und Schaum (III, 253)

Wenn du das Ende von dem erreichst, was du wissen solltest, stehst du am Anfang dessen, was du fühlen solltest.

Sand und Schaum (III, 266)

Meine Begleiter und Freunde, im Namen unserer Liebe ersuche ich euch: Seid zahllose Pfade, die sich in der Wüste kreuzen und auf denen Löwen und Hasen, Füchse und Schafe gehen.

Und erinnert euch: Ich lehre euch nicht zu geben, sondern zu empfangen, nicht Verzicht, sondern Erfüllung, nicht Nachgeben, sondern Verstehen, mit einem Lächeln auf den Lippen.

Ich lehre euch nicht das Schweigen, sondern ein verhaltenes Lied.

Ich lehre euch euer größeres Selbst, das alle Menschen einschließt.

Die Rückkehr des Propheten (IV, 375)

Die beiden Liebenden schritten umschlungen unter den Weidenbäumen, und die Harmonie ihrer Bewegungen spiegelte ihre innere Übereinstimmung. Sie waren ein Ohr, das in der Stille den Eingebungen der Liebe lauschte, und ein Auge, das die Wunder des Glückes wahrnahm. Die Schafe folgten ihnen, sich an Blumen und Gras labend, und die Vögel flogen über ihnen her und erfüllten die Luft mit ihrem Gezwitscher.

Die Nymphen der Täler (III, 21)

Ich kam, um mich von dir zu verabschieden, Geliebter, und unser Abschied soll unserer Liebe würdig sein. Möge er wie Feuer sein, der das Gold schmilzt, damit es umso mehr glänzt.

Gebrochene Flügel (I, 111)

Vom Leben der Liebe

Das Leben ohne Liebe ist wie ein Baum ohne Blüten und Früchte. Die Liebe ohne Schönheit ist wie Blumen ohne Duft. Leben, Liebe und Schönheit sind drei Wesen in einem einzigen, die weder ausgetauscht noch voneinander getrennt werden können.

Die Stürme (II, 225)

In der Jugend wird mir die Liebe eine Lehre sein, die mich anleitet, recht zu handeln. Als Erwachsener wird sie mir eine Hilfe sein. Und in meinem Alter wird sie mein Glück sein. Die Liebe wird mich bis ans Ende meines Lebens begleiten.

Gebrochene Flügel (I, 73)

Dinge, die man als Kind geliebt hat, bleiben im Besitz des Herzens bis ins hohe Alter. Das Schönste im Leben ist, dass unsere Seelen nicht aufhören an jenen Orten zu verweilen, wo wir einmal glücklich waren.

Das Reich der Ideen (17)

Was ich als Junge liebte, liebe ich noch immer; und was ich jetzt liebe, werde ich bis zum Ende meiner Tage lieben. Denn die Liebe ist das Höchste, das ich erreichen kann, und niemand kann mich dieses Schatzes berauben.

Eine Träne und ein Lächeln (I, 256)

Die Liebe, die mit dem Erwachen der Jugend und ihrer Sorglosigkeit anbricht, begnügt sich mit der Begegnung, sie lässt sich durch die Vereinigung der Liebenden zufrieden stellen und entfaltet sich in der Umarmung; die Liebe hingegen, die im Schoß der Unendlichkeit geboren wurde und mit den Geheimnissen der Nacht herabsteigt, begnügt sich mit nichts außer der Unsterblichkeit, und vor nichts Anderem erhebt sie sich ehrfürchtig als vor Gott.

Gebrochene Flügel (I, 109)

Eine Minute, die erfüllt ist von Eindrücken der Schönheit und von Liebesträumen, ist größer und kostbarer als ein Jahrhundert voll Ehre, welche die Schwachen den Mächtigen erweisen.

Eine Träne und ein Lächeln (I, 240)

Die Schönheit ist das vollkommene Einverständnis zwischen Mann und Frau, das sich in einem Augenblick ereignet; in einer einzigen Sekunde kann dieses Gefühl entstehen, das alle Gefühle überragt. Und dieses geistige Gefühl ist es, das wir Liebe nennen.

Gebrochene Flügel (I, 43)

Jetzt bin ich glücklich an der Seite des Mannes, der mit mir wie eine einzige Flamme aus der Hand Gottes hervorging vor Beginn der Zeiten. Und es gibt keine Macht der Welt, die mir mein Glück rauben könnte, denn es stammt aus der Harmonie zweier Seelen, die das Einverständnis eint und die Liebe verbindet.

Rebellische Geister (II, 21)

Salmas Liebe begleitete mich am Abend, indem sie mir heitere Lieder sang, sie weckte mich am Morgen und offenbarte mir den Sinn des Lebens und die Geheimnisse der Schöpfung.

Gebrochene Flügel (I, 64)

Wenn auch die Finsternis Bäume und Blumen verbirgt, so vermag sie der Seele doch nicht die Liebe zu verbergen.

Gebrochene Flügel (I, 52)

»Sag mir, Geliebter, was du für mich sein wirst, nachdem du das Licht meiner Augen warst, eine Melodie für meine Ohren und die Flügel meiner Seele? Was wirst du in Zukunft für mich sein?«

Ich antwortete ihr, und meine Blicke verrieten die Liebe, die ich für sie empfand: »Ich werde das sein, Salma, was du von mir wünschst.«

Sie entgegnete: »Ich möchte, dass du mich liebst, dass du mich bis ans Ende meiner Tage liebst. Ich möchte, dass du mich liebst, wie ein Dichter seine schwermütigen Gedanken liebt. Ich wollte, dass du dich meiner erinnerst, wie sich ein Reisender an einen klaren Gebirgsbach erinnert, in dem er sein Ebenbild entdeckte, bevor er von seinem Wasser trank. Ich wollte, dass du dich meiner entsinnst, wie sich eine Mutter an ihr Kind erinnert, das in ihrem Schoß starb, bevor es das Licht der Welt erblickte. Ich wollte, dass du an mich denkst, wie ein gnädiger König an einen Gefangenen denkt, der starb, bevor seine Begnadigung ihn erreichte.

Ich möchte, dass du mir ein Bruder bleibst, ein Freund und Gefährte. Ich wünschte, dass du meinen Vater besuchst, wenn er einsam und allein ist (...).«

Ich antwortete ihr: »All das werde ich für dich tun, Salma! Ich werde aus meinem Geist eine Zuflucht für den deinen machen, aus meinem Herzen ein Haus für das deine und aus meiner Brust ein Grab für deine Trauer. Ich werde dich lieben, Salma, wie die Felder den Frühling lieben. Ich werde in dir leben, wie die Blumen in den Strahlen der Sonne leben. Ich werde deinen Namen singen, wie die Täler das Echo der Glocken der Dorfkirchen verbreiten. Ich werde den Geschichten deiner Seele lauschen, wie die Küste dem Lied der Wellen lauscht. Ich werde an dich denken, Salma, wie der Flüchtling an seine Heimat denkt, wie sich der Hungrige an ein Festmahl erinnert, zu dem er geladen war, wie ein entthronter König sich an die Zeit seiner Machtausübung erinnert, wie ein Gefangener sich der Stunden der Freiheit entsinnt. Ich werde an dich denken, Salma, wie der Sämann an die Korngarben denkt, die er ernten wird, wie der gute Hirte an die grünen Felder und an das Wasser der Tränken und Quellen denkt.«

Gebrochene Flügel (I, 71–72)

War mein Geist an diesem Abend mit Salmas Geist zu diesem Einverständnis gelangt, sodass sie mir als die schönste Frau unter der Sonne erschien? Oder gaukelte mir ein jugendlicher Rausch Bilder vor, die der Realität entbehrten? Hatte mich die Jugend geblendet, und hatte ich mir das Strahlen in Salmas Augen, die Süße ihres Mundes und die Grazie ihrer Gestalt nur eingebildet, oder war es jenes Strahlen, jene Süße und jene Grazie, die mir die Augen geöffnet hatten, um mir die Freuden und Leiden der Liebe zu offenbaren? Ich weiß es nicht, ich weiß nur, dass ich an diesem Abend etwas fühlte, was ich nie zuvor gefühlt hatte. Es war ein neues Gefühl, das mein Herz mit Ruhe erfüllte, vergleichbar dem Schweben des Geistes über den Wassern zu Anbeginn der Zeit. Aus diesem Gefühl wurde mein Glück und mein Unglück geboren, ebenso wie aus dem Willen jenes Geistes, der über den Wassern schwebte, die Geschöpfe ins Leben gerufen wurden.

Gebrochene Flügel (I, 43–44)

Das Leben der Liebe

Der Frühling

Komm, meine Geliebte, lass uns über den Morgentau laufen!

Der Schnee schmilzt schon, das Leben erwacht auf seinem Ruhelager und schwingt sich in die Täler. Komm, folgen wir dem Frühling in die weiten Felder! Steigen wir auf die Gipfel und betrachten die blühenden Täler!

Der Frühlingsmorgen hat sein prächtiges Gewand entfaltet, während die Nacht des Winters das ihre ablegte. Er warf es den Pfirsich- und Apfelbäumen über, und nun sehen sie aus wie Bräute in ihrer Hochzeitsnacht. Die Weinreben sprießen, ihre Äste und Zweige umarmen sich wie Verliebte. Die Bäche tanzen im Felsgestein und stimmen in den Freudengesang ein. Aus dem Herzen der Natur quellen Blüten und Blumen hervor wie aus dem Meer die Gischt.

Komm, lass uns die Tränen des Himmels aus den Kelchen der Narzissen trinken, lauschen wir den Liedern der Vögel und atmen die Düfte ein, die jede Brise austeilt. Komm, setzen wir uns zu den Veilchen an diesem Felsen, und schenken wir uns den Kuss der Liebe!

Der Sommer

Komm auf die Felder, meine Geliebte, denn die Tage der Ernte nahen! Die Saat reift, und die Sonne schenkt ihr die Vollendung durch die Strahlen ihrer Liebe. Lass uns aufbrechen, ehe uns die Vögel zuvorkommen und die Früchte unserer Mühen ernten oder bevor ein Heer von Ameisen sich unseren Platz aneignet.

Komm, pflücken wir die Früchte der Erde, so wie unsere Seelen die Früchte des Glückes ernten, das aus der Saat der Treue sprießt, welche die Liebe in unser Herz säte. Füllen wir unsere Speicher mit den Erträgen der Natur, so wie das Leben die Speicher unserer Erinnerung füllt.

Komm, meine Begleiterin, legen wir uns ins Gras, und decken wir uns mit dem Himmel zu. Lass uns ein Bündel weichen Heus als Kopfkissen nehmen. So ruhen wir aus von den Mühen des Tages und lauschen dem nächtlichen Flüstern des Baches im Tale.

Der Herbst

Komm in die Weinberge, meine Geliebte! Lass uns die Reben pressen und ihren Saft in Tonkrüge füllen, so wie die Seele die Weisheit von Generationen in ihren Tiefen hortet.

Pressen wir die Blüten, und erhalten wir dem Auge ein Zeichen, das die Wirklichkeit durch ein Symbol ersetzt.

Kehren wir nun heim, denn die Blätter sind gelb geworden!

Der Wind hat sie zerstreut, und sie legten sich wie ein Leichentuch auf die Blumen, die sich vor Kummer verzehrten, als der Sommer von ihnen Abschied nahm. Komm, die Vögel sind schon zur Küste aufgebrochen, und mit ihnen verließ die Geselligkeit Gärten und Wiesen. Einsam blieb der Jasmin zurück, der seine Tränen auf die Erde vergießt.

Lass uns heimkehren, denn auch die Bäche brachen ihre Reise ab, die Freudentränen der Quellen versiegten, und die Hügel legten ihre herrlichen Gewänder ab. Komm Geliebte, die Natur will schlafen und verabschiedet sich mit einem Wiegenlied.

Der Winter

Rück näher zu mir, Gefährtin meines Lebens, rück näher!

Der eisige Hauch des Schnees soll unsere Körper nicht trennen. Setzen wir uns an den Ofen, denn das Feuer ist die köstliche Frucht des Winters. Erzähl mir, was die Jahrhunderte uns aufzeichneten, denn meine Ohren sind müde vom Seufzen des Sturmes und vom Klagen der Elemente.

Schließ die Türen und Fenster, denn das grimmige Gesicht des Himmels betrübt mich ebenso wie der Anblick der Stadt, die unter den Schichten des Schnees einer trauernden Witwe gleicht. Freuen wir uns an der Öllampe, die sich langsam verzehrt. Lass sie neben dir, damit ich lesen kann, was die Nächte in dein Gesicht geschrieben haben ... Bring uns den Weinkrug! Trinken wir daraus und erinnern wir uns an die Tage der Weinernte. Rück näher, meine Geliebte, denn das Feuer erlischt, und bald bedeckt es die Asche. Drück mich fester an dich. Das Licht der Öllampe ist schon verloschen, und Dunkelheit herrscht ... Der Wein macht unsere Augenlider schwer. Sieh mich an mit deinen Augen, die der Schlaf mit Kohel schminkte. Umarme mich, bevor der Schlaf mich überfällt. Küß mich, denn alles hat der Schnee erstickt, außer deinem Kuß. Wie tief ist das Meer des Schlafes, meine Geliebte, und wie weit entfernt ist der Morgen in dieser Welt!

Eine Träne und ein Lächeln (I, 137–139)

Die Sprache des Himmels und der Herzen

Als Gott den Menschen schuf, gab er ihm die Musik als Sprache des Himmels und der Herzen. Es ist eine Sprache, die anders ist als alle Sprachen, denn sie offenbart die Geheimnisse der Seele und hält Zwiesprache mit dem Herzen. Sie ist die Sprache der Liebe, die alle Herzen erreicht.

Die Musik (I, 10)

Ich lauschte der Musik des Meeres im Orient und im Okzident, und überall vernahm ich das Lied der Ewigkeit, das den Geist zu den höchsten Höhen erhebt und in die tiefsten Tiefen versenkt; manchmal erfüllt sie ihn mit Traurigkeit und manchmal mit innerem Frieden.

An May Ziadeh (V, 205–206)

O Musik, Tochter der Seele und der Liebe, Gefäß der Bitterkeit und der Süßigkeit der Liebe, Vision des menschlichen Herzens, Frucht der Traurigkeit und Blüte der Freude! Duft, der empor steigt aus den Sträußen der Empfindungen, Sprache der Liebenden und Botin ihrer Geheimnisse! Tränenquell verborgener Gefühle, Muse der Poesie und Meisterin des Versmaßes! Du veredelst unsere Gedanken und machst uns empfänglich für die Schönheit. Wein der Herzen, der den, der ihn trinkt, zu den höchsten Höhen der Phantasie erhebt! Du Mut der Kämpfenden, du reinigst die Seelen derer, die dich anbeten!

Wellen des Äthers, die ihr die Visionen unserer Seelen tragt! Du sanftes, freundliches Meer, deinen Wellen liefern wir unsere Seelen aus, und deinen Tiefen vertrauen wir unsere Herzen an. Trage sie hinüber, jenseits der Materie, und offenbare uns, was uns die jenseitige Welt an Geheimnissen bereithält.

Ihr Empfindungen der Seele vertieft euch, werdet stark ihr Gefühle des Herzens!

Die Musik (I, 22)

Gib mir die Flöte und singe,
der Gesang ist die wahre Liebe;
und die Seufzer der Flöte überdauern
Schönheit und Charme.

Der Reigen (III, 78)

Dann sah ich dich, meine Geliebte; ich habe dich besungen mit einem Lied der Liebe und der Sehnsucht. Die Engel freuten sich; aber die Menschen nahmen keine Notiz von meinem Gesang ...

Eine Träne und ein Lächeln (I, 166)

Ich saß neben meiner Geliebten und lauschte sprachlos ihren Worten; in ihrer Stimme gab es eine Kraft, die meine Seele beflügelte, und sie schwebte empor in den endlosen Raum. Von dort erschien ihr die Welt als Traum und der Körper wie ein Gefängnis.

Ein ungewöhnlicher Zauber ging von der Stimme meiner Geliebten aus und spielte mit meinen Gefühlen. Ich achtete nicht mehr auf den Inhalt ihrer Worte, denn ich bedurfte ihrer nicht mehr.

Was ich hörte, meine Freunde, war Musik. Ich vernahm sie, als meine Geliebte bald seufzte, bald lächelte, als sie ihre Worte bald zögernd, bald fließend aneinander reihte oder in Andeutungen sprach.

Die Musik (I, 9)

Dieselbe Kraft, die das Herz vor Verletzung schützt, verhindert auch, dass es weit wird und seine wahre Größe erreicht. Der Gesang der Stimme ist süß, aber der Gesang des Herzens gleicht der reinen Stimme, die vom Himmel kommt.

Das Reich der Ideen (98)

In den Tiefen meiner Seele wohnt ein Lied,
das sich weder in Worte kleiden
noch mit Tinte zu Papier bringen lässt,
es umgibt meine Gefühle wie eine Hülle
und gelangt nicht auf meine Zunge.
Wie kann ich es anstimmen,
ohne es rauen Winden auszusetzen?
Wem kann ich es singen,
ohne es groben Ohren preiszugeben?
In meiner Seele wohnt ein Lied,
und wenn du tief in meine Augen schautest,
sähest du den Schatten seines Schattens;
wenn du meine Fingerspitzen berührtest,
fühltest du sein Zittern.
Die Werke meiner Hände bringen es ans Licht,
wie ein See das Leuchten der Sterne spiegelt;
und meine Tränen enthüllen es
wie die Tautropfen das Geheimnis der Rose,
wenn sie sich unter der Sonne auflösen.
Es ist ein Lied, das in der Stille erklingt
und beim Lärm verstummt,
das sich im Traum offenbart
und beim Erwachen zurückzieht.
Es ist das Lied der Liebe.

Eine Träne und ein Lächeln (I, 282–283)

Ich befreite meine Flügel aus den Fesseln der Schwäche und Unterwerfung und flog ins Firmament der Liebe und Freiheit.

Rebellische Geister (II, 21)

Aus dem Herzen des Sees
steige ich auf,
schwebe auf den Flügeln der Luft,
bis ich einen Garten entdecke,
dann falle ich herab,
küsse die Lippen der Blüten
und umarme die Zweige.

Eine Träne und ein Lächeln (I, 287)

Dann spürte Ali das leichte Flattern zarter Flügel zwischen seinen brennenden Rippen, und in den Windungen seines Gehirns wuchs ein starkes Gefühl der Liebe, das von seinem Herzen und seiner Seele Besitz ergriff. Jene Liebe, die die Geheimnisse des Geistes dem Gedanken offenbart und die durch ihr Wirken die Welt des Geistes von jener Welt trennt, die nur in Maßen und Mengen rechnet. Jene Liebe, die spricht, wenn die Lippen schweigen, und die wie eine Feuersäule erscheint, wenn die Dunkelheit alles andere unter ihrer Decke verbirgt. Diese göttliche Liebe überflutete in dieser Stunde Ali Husseinis Geist und weckte in ihm zugleich bittere und süße Gefühle, ebenso wie die Sonne Blüten und Dornen hervorbringt.

Die Nymphen der Täler (III, 17)

Die himmlische Liebe kennt keine Eifersucht, denn sie ist überreich; sie fügt dem Körper keine Schmerzen zu, denn sie lebt im Geist und durch den Geist. Es ist eine tiefe Zuneigung, welche die Seele mit Heiterkeit erfüllt, ein Hunger nach Einklang und Harmonie, der sich des Herzens bemächtigt, ein Gefühl, das die Sehnsucht in unseren Seelen weckt, ohne sie zu beunruhigen; sie lässt uns die Erde als Paradies erscheinen und das Leben als einen schönen Traum. Wenn ich morgens durch die Felder ging, erblickte ich im Erwachen der Natur ein Symbol der Unsterblichkeit; ich setzte mich an die Küste des Meeres und hörte die Wellen das Lied der Ewigkeit singen. Ich lief durch die Straßen der Stadt und empfand beim Anblick der geschäftigen Menschen Lebensglück und Lebensfülle.

Gebrochene Flügel (I, 64)

Ich sah vor mir einen himmlischen Geist, verkörpert durch zwei Menschen von schöner Gestalt, eingehüllt in das Gewand der Harmonie; und zwischen ihnen thronte der Gott der Liebe, der seine Flügel über sie ausbreitete, um sie vor den Bezichtigungen und Vorwürfen der Menschen zu schützen. Ich sah das vollständige Einverständnis zwischen zwei Personen; es spiegelte sich in ihren strahlenden Gesichtern, ebenso wie die Aufrichtigkeit und Reinheit, die sie prägte. Zum ersten Mal in meinem Leben sah ich das vollkommene Glück in greifbarer Nähe, verkörpert durch einen Mann und eine Frau.

Rebellische Geister (II, 29–30)

Verzweifelt nicht, denn hinter der Ungerechtigkeit dieser Welt, hinter aller Materie, hinter Wolken, Luft und allen Dingen gibt es eine Macht, welche die vollkommene Gerechtigkeit, das vollkommene Erbarmen und die vollkommene Liebe ist.

Eine Träne und ein Lächeln (I, 196–197)

Die Flammen der Liebe fallen in unterschiedlichen Gestalten und Formen auf die Erde, Geliebte, doch ihre Wirkung ist die gleiche: die kleine Flamme, die ein einzelnes menschliches Herz erleuchtet, ist aus dem gleichen Feuer wie die große, leuchtende Flamme, die vom Himmel hinabsteigt, um die Finsternis aller Nationen zu erhellen.

Eine Träne und ein Lächeln (I, 262)

Wenn ihr mit Liebe arbeitet, so findet ihr zu euch selber, zueinander und zu Gott.

Und was heißt es, mit Liebe zu arbeiten?

Es bedeutet, das Gewand mit Fäden zu weben, die aus eurem Herzen gezogen sind, als solle euer Geliebter das Gewand tragen.

Es bedeutet, ein Haus mit Leidenschaft zu bauen, als solle eure Geliebte es bewohnen.

Es bedeutet, den Samen mit Zartgefühl auszustreuen und die Ernte mit Freude einzubringen, als solle die Geliebte von den Früchten kosten.

Es bedeutet, alle Dinge, die ihr herstellt, mit einem Hauch eures Geistes zu versehen und zu wissen, dass alle selig Verstorbenen um euch stehen und zusehen.

Der Prophet (IV, 71–72)

Als mein Herz erschöpft war, nahm es Abschied von mir und machte sich auf zum Haus des Glückes.

Nachdem es dieses Heiligtum erreicht hatte, blieb es verwirrt und ratlos stehen, denn es sah dort nicht, was es sich immer vorgestellt hatte.

Es sah weder Macht noch Wohlstand und keinen Herrscher. Es sah nur einen schönen Jüngling, seine Gefährtin, die Tochter der Liebe, und ihr Kind, die Weisheit.

Da wandte sich mein Herz an die Tochter der Liebe und fragte: »Wo ist die Zufriedenheit, Tochter der Liebe? Ich habe gehört, dass sie dieses Haus mit euch bewohnt.«

Sie antwortete: »Die Zufriedenheit ist fortgegangen, um in den Städten zu predigen, wo Korruption und Begierde herrschen. Und wir brauchen sie hier nicht, denn das Glück sucht nicht Zufriedenheit. Das Glück verlangt nach Vereinigung, während die Zufriedenheit die Ablenkung sucht, die vom Vergessen lebt. Die unsterbliche Seele ist nie zufrieden. Sie strebt nach Vollkommenheit, und die Vollkommenheit gibt es in der Unendlichkeit.«

Dann sagte mein Herz zum Sohn der Schönheit: »Zeig mir das Geheimnis der Frau, o Schönheit, und erhelle meinen Verstand mit deiner Erkenntnis!«

Er erwiderte: »Die Frau ist wie du, menschliches Herz, und wie du warst, so war sie. Sie ist auch wie ich, und wo ich bin, da ist sie. Sie gleicht der Religion, bevor sie von Unwissenden entstellt wurde. Sie ist wie der Vollmond, wenn die Wolken ihn nicht verhüllen, und wie die Brise, bevor der Hauch der Verdorbenheit sie berührte.«

Dann wandte sich mein Herz an die Weisheit, die Tochter der Liebe und der Schönheit, und bat: »Gib mir Weisheit, damit ich sie den Menschen bringe!«

Sie antwortete: »Sag ihnen, dass das Glück im Allerheiligsten der Seele beginnt und nicht von außen kommt!«

Eine Träne und ein Lächeln (I, 224–225)

Gott hat Samen des Glückes in Eure Herzen gesät.

Rebellische Geister (II, 105)

Gott hat Euren Geist als leuchtende Flammen in diese Welt geschickt, damit sie an Leuchtkraft und Schönheit zunehmen durch die Entdeckungen der Geheimnisse der Tage und Nächte. Warum umgebt Ihr sie aber mit Asche, sodass sie ersticken?

Gott hat Euren Seelen Flügel verliehen, auf dass sie sich damit in den Himmel der Freiheit und Liebe erheben. Warum schneidet Ihr sie ab und kriecht wie Insekten auf der Erdoberfläche?

Rebellische Geister (II, 105)

Rette uns, du wundertätige Göttin, und lass die Liebe den Tod besiegen, denn du bist die Herrin über beide, über den Tod und über die Liebe.

Die Nymphen der Täler (III, 13)

Astarte hat unsere beiden Seelen in dieses Leben zurückgebracht, damit uns die Wonnen der Liebe und das Glück der Jugend nicht untersagt seien, mein Geliebter!

Die Nymphen der Täler (III, 22)

Eine Frau, der die Gottheit sowohl die Schönheit der Seele als auch die des Leibes verlieh, erscheint uns als sichtbare und verborgene Wahrheit zugleich, die wir durch die Liebe verstehen und in Reinheit berühren; sobald wir aber versuchen, sie durch Worte zu definieren, entzieht sie sich unserem Bemühen und verschwindet hinter einem Nebel aus Verwirrung und Zweifel.

Gebrochene Flügel (I, 45)

Salma saß währenddessen reglos in der Nähe des Fensters und lauschte unserer Unterhaltung, wobei sie uns mit ihren melancholischen Augen anschaute. Sie sprach kein Wort, als wüsste sie, dass die Schönheit eine himmlische Sprache besitzt, die sich über die Laute erhebt, die von den Lippen geformt werden; es ist die ewige Sprache, die alle menschlichen Sprachen in sich vereint und sie zu einem tiefen, lautlosen Gefühl verschmilzt, so wie der stille See die munteren Lieder der Bäche und Flüsse an sich zieht und sie in seinen Tiefen in ewiges Schweigen verwandelt.

Gebrochene Flügel (I, 42–43)

Wie ein Jahr voller Liebe und Leidenschaft

So verging eine Stunde, von der jede Minute wie ein Jahr voller Liebe und Leidenschaft war. Die Stille der Nacht umgab uns, das silberne Mondlicht hüllte uns ein, und Bäume und Blumen umstanden uns. Wir befanden uns in einem Zustand, in dem der Mensch alles andere vergisst außer der Liebe.

Gebrochene Flügel (I, 57)

Ich wünsche mir, dass meine Seele immerfort nach Liebe und Schönheit hungert, denn ich sah, dass die Satten die unglücklichsten Menschen sind, und die Seufzer der Sehnsucht erschienen mir wohlklingender als Glockengeläut.

Wenn der Abend kommt, schließt die Blume ihre Blütenblätter über ihrer Sehnsucht und schläft ein. Sobald der Morgen naht, öffnet sie ihre Lippen dem Kuss der Sonne. Das Leben der Blume ist Sehnsucht und Erfüllung, eine Träne und ein Lächeln.

Eine Träne und ein Lächeln (I, 135)

Wir vergaßen alles um uns herum außer unserer Liebe; wir schoben alles beiseite, was uns traurig machte und überließen uns ganz den Neigungen unserer Seele; wir umarmten uns und verliehen unseren Gefühlen füreinander Ausdruck: Salma küsste zärtlich den Scheitel meiner Haare, und mein Herz war beglückt; ich küsste ihre zarten Finger, wobei sie ihre Augen schloss und ihren elfenbeinfarbenen Hals neigte; ihre Wangen erröteten, und sie erinnerte mich an das Morgenrot, wenn es mit seinen Strahlen die Stirn der Hügel und Berge erglühen lässt; schweigend betrachteten wir den entlegenen Horizont, dessen Wolken orangefarben schimmerten im Licht der untergehenden Sonne.

Gebrochene Flügel (I, 99)

Täglich beklage ich die Leidenschaft meines Herzens, und mit jeder Klage vermehrt sich die Liebe ...

Die Stürme (II, 289)

Lasst mich schlafen, denn meine Seele ist trunken von Liebe!

Eine Träne und ein Lächeln (I, 278)

Die Blumen des Tales werden geboren aus der Zärtlichkeit der Sonne und der Leidenschaft der Natur. Und Menschenkinder sind Blumen, die aus Liebe und Zärtlichkeit hervorgehen.

Gebrochene Flügel (I, 115)

Die Menschen sind mit der Materie verhaftet, die eiskalt ist wie der Schnee. Ich aber suche die Flamme der Liebe, um sie an meine Brust zu drücken, damit sie meine Rippen verzehre und mein Inneres befreie, denn ich habe erfahren, dass die Materie den Menschen tötet, ohne dass er Schmerzen empfindet, während die Liebe ihn unter Schmerzen lebendig macht.

Eine Träne und ein Lächeln (I, 298)

Das Leben besteht aus zwei Hälften:
einer gefrorenen und einer entflammten;
die Liebe ist die entflammte Hälfte.

Die Stürme (II, 186)

Die Seele des Lebens
und unsere Seelen,
eure und die meine,
wohnen heute Nacht
in der vibrierenden Kehle
eines Jünglings
und in den geschmeidigen Gliedern
eines Mädchens.
Euer Zepter ist außerstande,
ihr Schicksal zu lenken.
Euer Unbehagen
gründet in eurer Ehrsucht.
Sie wird ausgelöscht
durch die leidenschaftliche Liebe
eines Mannes und eines Mädchens.

Die Götter der Erde (IV, 312)

Und als der Jüngling die Hand seiner Geliebten ergriff und ihr in die Augen sah, trugen der Wind und die Wellen ihr Zwiegespräch bis an die Enden der Welt:

»Wie vollkommen ist deine Schönheit, Tochter der Isis, und wie groß ist meine Liebe zu dir!«

»Es gibt keinen schöneren unter den Jünglingen, o Sohn Astartes, und wie groß ist mein Verlangen nach dir!«

»Meine Liebe zu dir ist gewaltig wie die Pyramiden, meine Geliebte, und die Jahrhunderte vermögen sie nicht auszulöschen.«

»Meine Liebe zu dir ist so erhaben wie die Zedern, Geliebter, und die Elemente können sie nicht besiegen.«

»Die Weisen der Völker kommen vom Sonnenaufgang und vom Sonnenuntergang, um von deiner Weisheit zu lernen, Geliebte!«

»Und die Mächtigen dieser Erde kommen aus allen Himmelsrichtungen, um vom Wein deiner Schönheit zu kosten, Geliebter!«

»Wahrlich, deine Handflächen sind eine Quelle reicher Schätze, welche die Speicher füllen!«

»Deine Arme sind Quellen kühlen Wassers, Geliebter, und dein Atem ist eine erfrischende Brise!«

»Die Paläste des Nils und seine Tempel verkünden deine Ehre, Geliebte, und die Sphinx erzählt von deiner Größe.«

»Die Zedern sind ein Orden an deiner Brust, ein Zeichen deines Ruhmes, Geliebter, und die Türme, die dich umgeben, berichten von deiner Macht und Größe.«

»Wie schön ist deine Liebe, Geliebte, und wie süß ist die Hoffnung auf deine Ekstase.«

»Welch großzügiger Freund und welch vollkommener Gatte bist du, Geliebter! Wie herrlich sind deine Geschenke, wie kostbar deine Gaben! Du sandtest uns junge Männer, und sie sind wie ein Erwachen aus tiefem Schlaf. Einen Ritter schicktest du uns, und er besiegte die Schwachen meines Volkes, einen Gelehrten, der mein Volk aufrichtete, und einen Edlen, der es anspornte.«

»Ich gab dir Samen, und sie wurden zu Blumen, Setzlinge, und sie wurden Bäume, denn du bist ein jungfräuliches Feld, Geliebte, auf dem Rosen und Lilien wachsen, Zedern und Zypressen.«

Eine Träne und ein Lächeln (I, 228–229)

Alle waren eingetaucht in ein Meer von Wein und Liebesliedern und der augenblicklichen Stimmung der Ausgelassenheit und Überschwänglichkeit ausgeliefert. Sie vergaßen die Ereignisse von gestern, dachten nicht an die Zukunft und waren vollauf damit beschäftigt, die Früchte des Augenblicks zu ernten.

Rebellische Geister (II, 49–50)

Komm, Tochter der Felder, lass uns die Weingärten der Liebenden aufsuchen!

Vielleicht können wir mit dem Saft der Reben die Flammen der Sehnsucht löschen.

Erde und Seele (III, 220)

Von der Liebe und dem Schmerz

Ich weiß nicht, was ich dir schreiben soll, Geliebter. Meine Seele wird sich auf dieses Blatt verströmen, meine Seele, die der Trennungsschmerz quält, die aber getröstet wird von der Liebe, die Leid in Freude verwandelt und Kummer in Glück.

Eine Träne und ein Lächeln (I, 152)

Wo bist du, mein Leben?
Trauer umgibt mich,
und Kummer besiegte mich.
Lächle in die Luft,
und ich werde mich erholen!
Atme in den Wind,
und ich werde leben!
Wo bist du, Geliebte,
wo bist du?
Wie groß ist meine Liebe
und wie klein bin ich!

Eine Träne und ein Lächeln (I, 219)

Halt deine Tränen zurück und sei getrost, denn wir haben uns verbündet im Glauben an die Liebe. Um dieser Liebe willen ertragen wir die Demütigungen der Armut, die Bitterkeit der Entbehrungen und die Qualen der Trennung.

Eine Träne und ein Lächeln (I, 157)

Diejenigen, denen die Liebe keine Flügel verlieh, werden nicht im Stande sein, über die Wolken zu fliegen, um diese Zauberwelt zu schauen, in der mein und Salmas Geist in dieser Stunde schwebten, deren Freuden schmerzvoll und der Schmerzen freudvoll waren. Diejenigen, die die Liebe nicht zu ihren Jüngern erkor, können ihre Sprache nicht verstehen, und für sie ist diese Geschichte nicht geschrieben. Denn selbst wenn sie den Sinn dieser unzureichenden Seiten verstünden, wäre es ihnen doch nicht möglich, zu sehen, was sich hinter diesen Zeilen verbirgt an Träumen und Bildern, die sich mit Tinte und Papier nicht ausdrücken lassen.

Gebrochene Flügel (I, 74)

Doch welcher Mensch hätte nicht einmal von dem Wein der Liebe gekostet? Welche Seele wäre nie ehrfürchtig in diesen lichten Tempel getreten, den die Liebe des Herzens baute und über den die Geheimnisse und Träume der Liebe sich als Kuppel wölben. Auf die Blätter welcher Blume sendet der Morgen denn keine Tautropfen? Und welcher Fluss findet nicht den Weg zum Meer, auch wenn er sich unterwegs verirrt?

Gebrochene Flügel (I, 74)

Liebe ist der Schleier zwischen Liebenden.

Sand und Schaum (III, 252)

Beschwert mein Herz nicht mit euren Seufzern und Klagen, sondern schreibt mit euren Fingern die Symbole von Liebe und Freude auf meine Brust!

Eine Träne und ein Lächeln (I, 280)

Liebe, die sich nicht jeden Tag selbst erneuert, wird eine Gewohnheit und dann Sklaverei.

Sand und Schaum (III, 252)

Liebe, die nicht immer wieder neu entsteht, stirbt ständig.

Sand und Schaum (III, 273)

Liebe und Zweifel sind niemals nur oberflächlich bekannt gewesen.

Sand und Schaum (III, 252)

Die Liebe, die mit Tränen besiegelt wird, bleibt ewig rein und schön.

Gebrochene Flügel (I, 47)

Wie töricht sind die Menschen, die glauben, dass die Liebe die Frucht eines langen Zusammenseins ist und aus ständiger Gemeinsamkeit hervorgeht. Die Liebe ist vielmehr eine Tochter des geistigen Einverständnisses, und wenn dieses Einverständnis nicht in einem einzigen Augenblick entsteht, so wird es weder in Jahren noch in Jahrhunderten entstehen.

Gebrochene Flügel (I, 55)

Die Liebe der Menschen ist unterschiedlich,
oft gleicht sie dem Gras ohne Blüten und Früchte;
oft verhält es sich mit ihr wie beim Wein;
genießt man ein wenig davon,
ist man zufrieden,
im Übermaß ist er gefährlich.
Und führt der Körper den Reigen der Liebe an
zu einem Bett voller Absichten,
so begeht die Liebe Selbstmord;
sie gleicht einem gefangenen König,
der sich weigert, weiterzuleben,
nachdem ihn die Seinen verrieten.

Der Reigen (III, 77)

Und dem Samen gleich, der unter dem Schnee träumt,
träumt euer Herz vom Frühling.

Der Prophet (IV, 100)

Die Liebe gleicht einer Blume; sie lebt nicht weiter, nachdem die Blüten des Frühlings welkten.

Erde und Seele (III, 226)

Die Liebe ist wie ein Stern im Himmel, dessen Licht bei Anbruch des Morgens erlischt.

Die Freude der Liebe ist ein Luftschloss ohne Bestand, die Schönheit der Liebe ein Schatten, der nicht währt.

Und die Zeit der Liebe ist ein Traum, der vergeht, wenn die Vernunft erwacht.

Erde und Seele (III, 229)

Morgen wird unsere Wirklichkeit nur noch ein Bild der Erinnerung sein und das Wachen ein Traum. Kann sich ein Liebender damit begnügen, ein Bild zu umarmen? Kann ein Durstiger seinen Durst am Wasser einer Quelle stillen, die nur in seiner Vorstellung existiert?

Gebrochene Flügel (I, 72)

Hab Erbarmen, meine Seele,
du hast mich beladen
mit einer Liebe,
die ich nicht tragen kann.
Du und die Liebe –
ihr seid eine vereinte Kraft,
ich und die Materie hingegen –
eine vereinte Schwäche.
Soll der Kampf
zwischen Stärke und Schwäche
in Ewigkeit andauern?

Eine Träne und ein Lächeln (I, 176)

Ihr nennt diese Zeitspanne zwischen Kindheit und Jugend das goldene Zeitalter, das weder die Mühen noch die Sorgen des Lebens kennt. Es schwebt über den Strapazen und Beschwerden des Lebens wie eine Biene, die auf ihrem Weg in die Blumengärten die Sümpfe überfliegt. Ich jedoch kann diese Jahre nur als eine Zeit stummer Leiden bezeichnen, die in meinem Herzen nisteten und sich in seinem Innern wie ein Sturm erhoben, der immer stärker und gewaltiger wurde, ohne einen Ausweg zu finden in die Welt des Wissens und der Erkenntnis, bis schließlich die Liebe in mein Herz eindrang, seine Türen öffnete und sein Inneres mit Luft und Licht erfüllte. Und erst als die Liebe meine Zunge löste, begann ich zu sprechen, als sie meine Lider öffnete, fing ich an zu weinen, und als sie eine Kehle befreite, seufzte und klagte ich.

Gebrochene Flügel (I, 31)

Es war der Wille des Himmels, mich unverhofft aus der Knechtschaft der Verzweiflung und der Jugend zu entlassen und mich freizugeben für den Reigen der Liebe. Und die Liebe ist die einzige Freiheit in dieser Welt, sie erhebt die Seele zu erhabenen Höhen, die wir weder durch die Vorschriften und Überlieferungen der Menschen erreichen können noch durch die Gesetze der Natur.

Gebrochene Flügel (I, 44)

Die Zeit der Liebe, die Jugend, ist zerronnen, und unser Leben entschwindet wie ein blasser Schatten.

Erde und Seele (III, 216)

Was wir leidenschaftlich liebten, endete in Verzweiflung.

Erde und Seele (III, 216)

Das Paradies ist dort, hinter dieser Tür im nächsten Zimmer; aber ich habe den Schlüssel verloren.

Vielleicht habe ich ihn nur verlegt.

Sand und Schaum (III, 244)

Ich gehe jetzt, aber die Kelche der Liebe und der Jugend bleiben gefüllt in unseren Händen, und der Weg eines gemeinsamen Lebens liegt noch vor uns.

Die Nymphen der Täler (III, 13)

Über den Autor

Khalil Gibran (1883–1931) war ein Wanderer zwischen den Welten: seiner libanesischen Heimat, Europa und Amerika. Mit dem »Propheten« gelang ihm 1923 ein Weltbestseller.

Der Sohn maronitischer Christen emigrierte in die USA, kehrte aber bald darauf in den Libanon zurück, um sich mit arabischer Literatur und Geschichte zu befassen. In Paris studierte er Kunst und bereiste von dort aus Europa. Gibran verfasste nicht nur viele bedeutende Werke, sondern war auch ein anerkannter Maler.

Textnachweis

Khalil Gibran, Das Reich der Ideen. Aphorismen und Betrachtungen. Herausgegeben von Joseph Sheban. Übersetzt von Eva Maria Hirsch, Walter Verlag, Düsseldorf und Zürich [8]1995.

Khalil Gibran, Sämtliche Werke in 5 Bänden. Übersetzt, mit Nachwort versehen und herausgegeben von Ursula und S. Yussuf Assaf, Patmos Verlag, Ostfildern 2014.